Ute und Tilman Michalski

Knete, Ton & Co.

Kinderleicht modellieren

arsEdition

Die Deutsche Bibliothek – CIP-Einheitsaufnahme

Knete, Ton & Co. : kinderleicht modellieren / Ute & Tilman Michalski. [Red.: Sibylle Lehmann]. - München : Ars-Ed., 1998
ISBN 3-7607-5554-2

Nach den Regeln der neuen Rechtschreibung

Text und Fotografien: Ute Michalski
Gesamtgestaltung und Illustrationen: Tilman Michalski
Redaktion: Sibylle Lehmann
Ausstattung und Herstellung: arsEdition, München
Printed in Germany

ISBN 3-7607-5554-2

Inhalt

Vorhang auf!

Die Fingerpuppen aus Knete bitten zur Vorstellung: Prinzessin Rosabäckchen möchte den Inselprinzen heiraten. Ein großes Fest mit vielen lustigen Fingerpuppen wird veranstaltet.

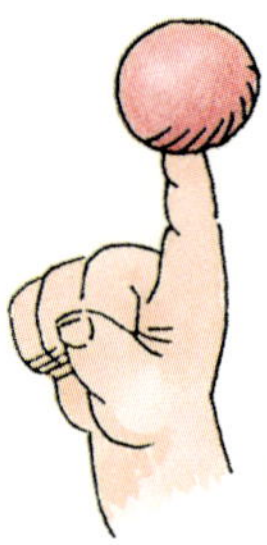

1 *Rolle aus Knetmasse eine Kugel und stecke sie auf den Zeigefinger.*

2 *Forme eine kleine Nase, Augenkugeln, Mund und Backen und drücke sie auf den Kopf.*

3 *Mit einem Zahnstocher kannst du die Augenpunkte stechen. Stecke ein Stück Tüllschleier, ein Pralinenschälchen, Pailletten oder eine Blüte mit kurzen Markiernadeln auf dem Kopf fest.*

bunte Knetmasse
Tuch
Zahnstocher
etwas Tüll
Markiernadeln
Pralinenschälchen
Pailletten

4 *Lege um den Zeigefinger zwei Zipfel eines Tuches und halte sie mit dem Ring- und dem kleinen Finger fest. Schlage auch die Seitenränder des Tuches in die Handmitte und halte sie mit beiden Fingern fest.*

Prachtfalter

Ein schillernder Riesenfalter flattert von Blüte zu Blüte und nascht den Nektar. Auf einem großen Blatt macht er Rast.

1 *Bestreiche einen Viertelbogen Zeitungspapier mit Kleister und drücke das feuchte Papier zu einem Schmetterlingskörper zusammen.*

2 *Lege den Schmetterlingskörper auf einen Streifen festes Zeichenpapier und überklebe ihn mit einem Streifen Zeitungspapier.*

So machst du Kleisterpapier

Rühre etwa 4 Esslöffel Kleisterpulver in eine halb volle Schüssel mit Wasser.
Lass den Kleister 20 Minuten lang quellen, bevor du ihn mit einem Schneebesen zu einem Pudding rührst. Gieße nach und nach kaltes Wasser dazu, bis der Kleister dünn ist wie eine Suppe. Lass ihn über Nacht noch ruhen. Streiche dann mit den Händen den Kleister auf Zeitungspapier.

- Zeitungspapier
- Kleister
- Plastikunterlage (Einkaufstüte)
- Zeichenpapier
- Glanzpapier (Geschenkpapierreste)
- Kiefernnadeln
- Dispersionsfarbe, schwarz
- Pinsel

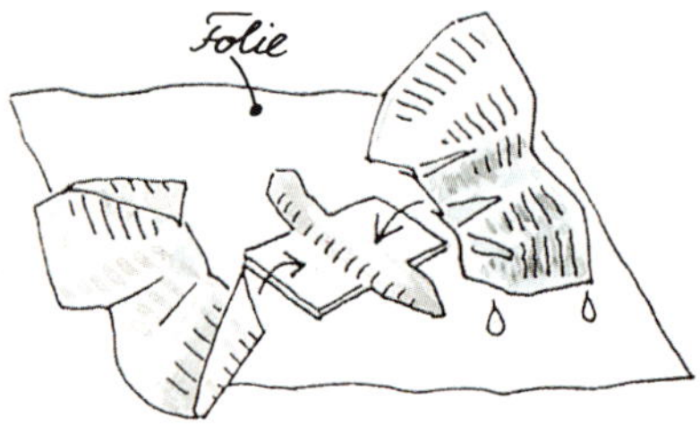

3 *Bestreiche zwei weitere Viertelbogen Zeitungspapier mit Kleister. Falte das Papier zu Schmetterlingsflügeln zusammen und klebe sie rechts und links vom Körper um das feste Papier herum. Damit sich alles gut von der Arbeitsfläche löst, kannst du auf einer Plastikunterlage arbeiten.*

4 *Beklebe die Flügel mit gerissenen Glanzpapierstücken. Klebe ein Paar Kiefernnadeln an den Kopf und lass den Schmetterling trocknen.*

5 *Übermale das Glanzpapier mit einem verzweigten Adernetz aus schwarzer Dispersionsfarbe.*

Quak

Quak, der Froschkönig, darf mit seiner Kerze am Geburtstagstisch der kleinen Prinzessin Platz nehmen. Wer weiß, ob aus ihm ein »lieber Prinz« wird, wenn sie die Kerze auspustet, oder ob er ein Frosch bleibt?

1 *Forme aus Knete einen großen Frosch: ein großes Ei für den Körper, ein etwas kleineres, breit geklopftes für den Kopf, lange Hinterbeine, kürzere Vorderbeine.*

2 *Beklebe den Frosch mit gerissenen Zeitungspapierstücken, etwa 2–3 Lagen übereinander.*

3 *Schneide die Papierschicht nach dem Trocknen in der Mitte auseinander. Lass dir dabei von einem Erwachsenen mit einem Cutter helfen.*
Entferne die Knetmasse aus den beiden Froschhälften.

Knetmasse
Zeitungspapier
Kleister
Cutter
Dispersionsfarbe, weiß
Pinsel
Deckfarbe
Flaschenschraubverschluss
Goldpapier
Kerze

4 *Klebe die Froschhälften mit Kleisterpapierstreifen zusammen und grundiere den Frosch mit weißer Dispersionsfarbe. Bemale ihn mit Deckfarben und klebe den Schraubverschluss auf den Kopf.*

5 *Umklebe den Verschluss mit einem gezackten Goldpapierstreifen. Tropfe etwas Wachs in den Verschluss und befestige darauf eine Kerze.*

Schöne Isabella

Isabella hat sich stadtfein gemacht, denn sie will zum Gemüsemarkt. Passend dazu trägt sie Schmuck aus selbst geformten Früchten.

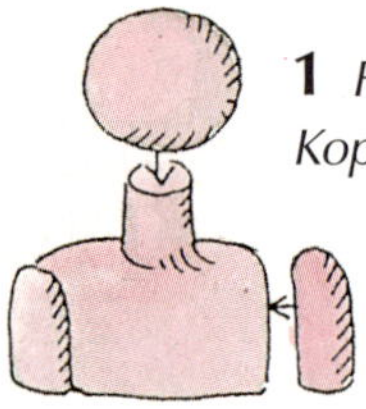

1 *Forme aus Knetmasse Kopf, Hals und Oberkörper.*

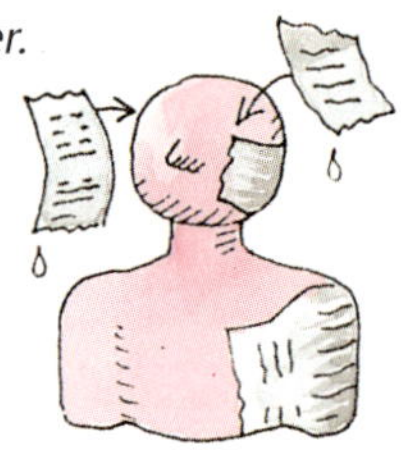

2 *Beklebe die Form mit Zeitungspapierstücken und Kleister, etwa 2–3 Lagen übereinander. Drücke aus Kleisterpapier eine kleine Nase, setze sie auf das Gesicht und überklebe sie mit einem Stückchen Kleisterpapier.*

Tipp:

Isabellas Halskette und die Ohrringe mit kleinen Radieschen, Tomaten und Zitronen sind aus der Modelliermasse von Seite 16 geformt. Du kannst dir mit größeren Früchten aus der Modelliermasse auch für dich selbst eine Halskette anfertigen. Wenn du in jeder Frucht eine kleine Drahtöse befestigst, kannst du sie gut auffädeln.

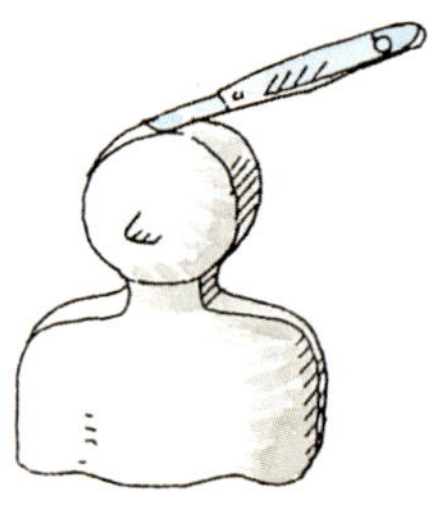

3 *Schneide nach dem Trocknen die Papierschicht seitlich in zwei Hälften auseinander. Lass dir dabei von einem Erwachsenen mit einem Cutter helfen. Entferne aus beiden Papierhälften die Knetmasse.*

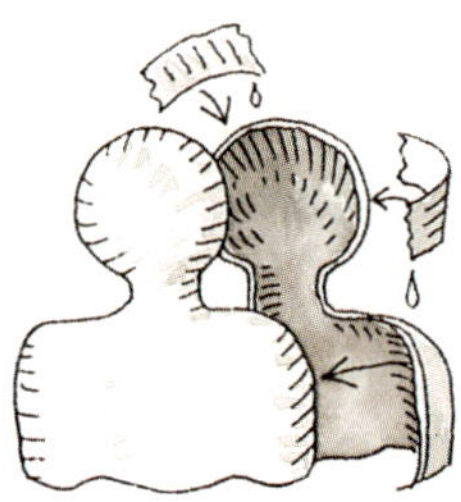

4 *Klebe die Papierhälften mit Kleisterpapierstreifen zusammen.*

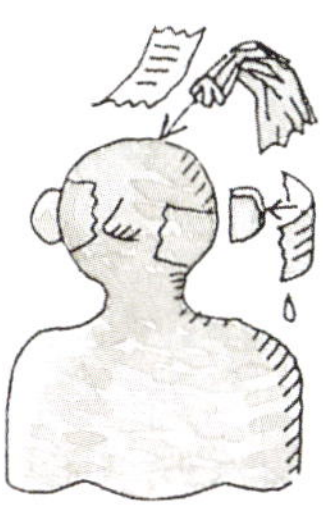

5 *Forme aus Zeitungspapier und Kleister kleine Ohren und einen Pferdeschwanz und klebe alles mit Kleisterpapier am Kopf fest.*

6 *Verwinde ein Stück Blumendraht mit einem Bleistift. Drücke die so entstandene Öse als Ring in die Ohren und klebe sie fest. Daran kannst du Isabellas Ohrringe befestigen. Bemale alles mit Dispersionsfarben. Auf ein längeres Stück Schnur kannst du die Kette auffädeln.*

Knetmasse
Kleister
Zeitungspapier
Cutter
Blumendraht
Schere
Bleistift
Klebstoff
Schnur
Dispersionsfarbe
Pinsel

Freudige Überraschung

Henne Biwi hat ein Ei gelegt und nun wird es von ihren Hühnertanten bewundert. Im Inneren der Hühnerdose kannst du ein Frühstücksei auf einem Polster aus gezupfter Schafswolle warm halten.

1 *Rolle zwei Tonkugeln in Tennisballgröße und drücke in jede eine Mulde ein.*

2 *Erweitere die Mulde mit beiden Daumen so lange zu einem Schälchen, bis die Wände fingerdick sind.*

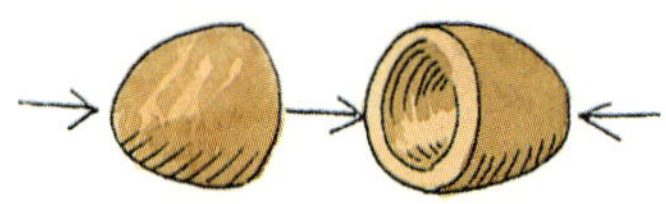

3 *Drücke die Schälchen gegeneinander und streiche die Nahtstelle mit den Fingern glatt, bis keine Spalte mehr sichtbar ist.*

Tipp:

Fertige Tonstangen kannst du bei einem Töpfer oder in einem Bastelgeschäft kaufen. Bitte den Töpfer, deine Handarbeitslehrerin oder deinen Kunstlehrer deine Tonarbeiten für dich zu brennen. Du kannst das Hühnchen aber auch, wenn es noch nicht ganz trocken ist, mit Engobefarben bemalen und dann brennen lassen. Wenn du es danach in Transparentglasur tauchst und noch einmal bei 1050 °C brennen lässt, wird es glatt und glänzend.

4 *Rolle das entstandene Tonei auf einer glatten Unterlage in alle Richtungen, bis die ungleiche Nahtstelle glatt ist.*

5 *Drücke auf den Eikörper einen kleinen Kugelkopf, Schnabel, Kamm, zwei Lappen, ein Schwanzstück und verstreiche alles.*

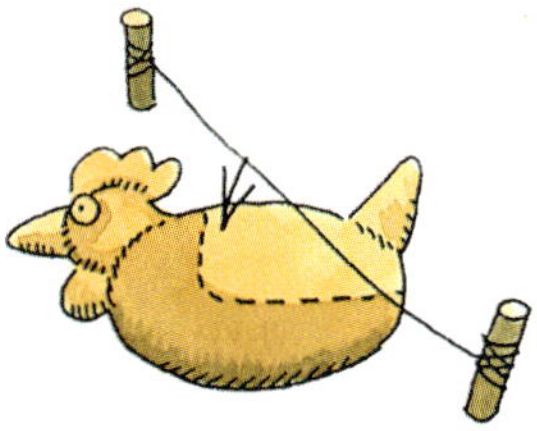

6 *Schneide mit Draht den Deckel ein, nimm ihn ab und verstreiche Unebenheiten im Inneren des Huhns.*

7 *Nach dem ersten Brand, dem Schrühbrand (950 °C), kannst du das Huhn mit Dispersionsfarben bemalen.*

Ton, rot brennend
Draht
Dispersionsfarben
Pinsel
Tonbrennofen

Lustige Gartengäste

Sie wichteln zwischen den Pflanzen herum und haben immer was zu tun: Am Morgen begrüßen sie die ersten Sonnenstrahlen, tränken die Blumen, gehen mit Eimer und Käscher auf Schneckenfang, zählen tanzende Mücken im Abendschein oder halten den Lampion in der Sommernacht.

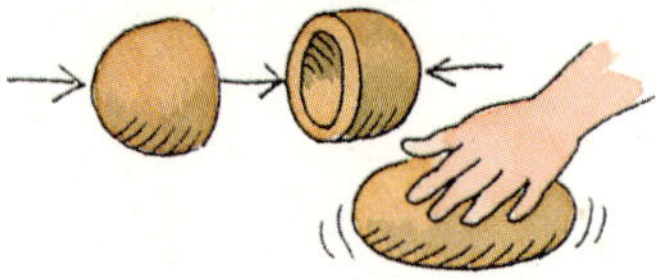

1 *Forme wie beim Hühnchen (Seite 12) aus Ton zwei »Daumenschalen« zu einem glatten Zwergenkörper.*

Ton, rot brennend
Gabel
Löffel
Schaschlikstäbchen
Lackfarben auf Wasserbasis
Pinsel
Tonbrennofen

2 *Rolle eine Kopfkugel und raue sie auf der Unterseite mit einer Gabel etwas auf. Raue auch das Körperei oben an, gib einen Löffel voll Schlicker auf die Stelle und drücke die Kopfkugel fest.*

3 *Verstärke die Nahtstelle von Kopf und Körper mit zusätzlichem Ton und verstreiche ihn. Rolle für die Beine dicke Walzen. Biege die Füße um und befestige die Beine, wie du es beim Kopf gemacht hast. Verstärke auch die Beine mit zusätzlichem Ton, damit die Figur einen guten Stand bekommt und nicht zusammensackt.*

4 *Rolle für die Arme daumendicke Tonschnüre und drücke an einem Ende »Wurstfinger« fest. Befestige die Arme in Schulterhöhe. Wenn du in eine Hand ein Loch stichst, kannst du später dem Zwerg daran etwas befestigen.*

5 *Rolle eine Tonwalze zu einer spitzen Mütze. Klebe sie mit Schlicker auf den Kopf. Ritze mit einem Schaschlikstab Mund und Augen ein und drücke Nase, Bart und Ohren aus Ton an. Verstreiche ihre Nahtstellen. Stich in den Körper ein Loch, damit die Luft entweichen kann. Bemale den Zwerg nach dem ersten Brand mit Lackfarben.*

Mit »Schlicker« kannst du etwas angetrocknete Tonteile gut zusammenkleben. Schlicker ist in Wasser gelöstes Tonmehl. Du kannst dazu trockene Tonstücke zwischen einer Zeitung zerstoßen und im Wasser einweichen, bis du eine dickflüssige Suppe hast. Bevor der Schlicker aufgetragen wird, solltest du die zu verbindenden Teile mit einer Gabel aufrauen – so halten sie besser zusammen!

Elsa vom Turm

Ritterfrau Elsa hält Ausschau nach ihrem Ritter Lodengrün. Er ist ausgeritten, um einige kleine Schachteln als Baumaterial zu besorgen. Neben dem Turm will er noch ein Haus mit Kemenate und Rittersaal bauen und eine Mauer mit Zugbrücke, denn der Felsen am Fluss ist ideal für eine kleine Burganlage.

1 *Klebe die Becher mit Abdeckband zusammen. Schneide in die Papprolle ein Fenster und oben Zinnen. Klebe die Rolle auf den obersten Becher.*

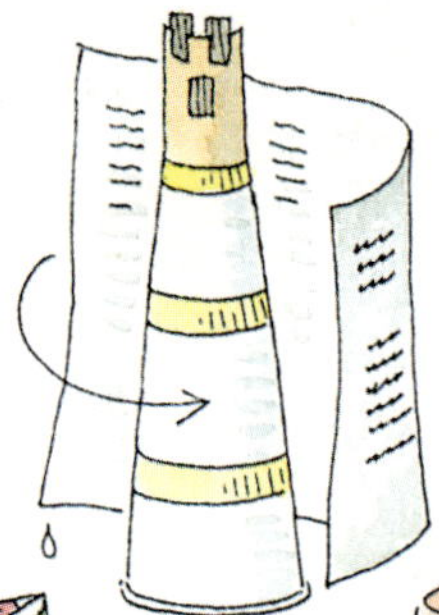

2 *Umhülle den Becherturm mit einem Bogen Kleisterpapier und lass ihn trocknen. Drücke auf das Kleisterpapier eine dünne Schicht Modelliermasse.*

3 *Teile die Modelliermasse in kleine Portionen und färbe sie mit verschiedenen Dispersionsfarben.*

4 *Forme aus der Masse kleine flache Steine. Ist das Material zu spröde und bröckelig, dann kannst du etwas Holzleim dazugeben. Lass die geformten Steine trocknen.*

5 *Klebe mit Holzleim die Steine und eine Holzbretttür auf den Turm.*

So kannst du die Modelliermasse auf Holzbasis selber herstellen:

Reiße 1–2 Bogen Zeitungspapier in Schnipsel. Gib sie in ein Mixgerät und fülle es mit lauwarmem Wasser auf. Mixe auf höchster Stufe etwa 10 Sekunden lang. Gieße die Papiersuppe in ein Sieb und lass sie abtropfen.
Gib die feuchte Masse in eine Plastikschüssel und durchknete sie mit Sägemehl (zwei Teile Papiermasse zu einem Teil Sägemehl) und 2 Esslöffel Kleister.
Je feiner das Sägemehl ist, umso besser.

6 *Forme aus der Modelliermasse den Oberkörper der Ritterfrau. Bemale sie nach dem Trocknen und setze ihr einen Spitzhut mit Schleier auf. Dann kannst du Elsa ins Fenster setzen.*

2–3 Plastikbecher (Kefir)	Plastikschüssel
1 großer Eisbecher	Sägemehl
Klorolle	Dispersionsfarben
Abdeckband	Holzleim
Schere	Deckfarben
Kleister	Pinsel
Zeitungspapier	Holzbrettchen
Mixgerät	Buntpapier
Sieb	Krepppapier

Müllers Esel

Nachdem er alle seine Mehlsäcke beim Bauern abgeliefert hat, ist der kleine Esel mit Rosmarin, Thymian und anderen duftenden Kräutern auf dem Rückweg zu Müllers Küche.

1 *Forme den Körper des Esels: Bestreiche einen Bogen Zeitungspapier mit Kleister und wickle ihn um 3–4 locker geknüllte Papierknäuel.*

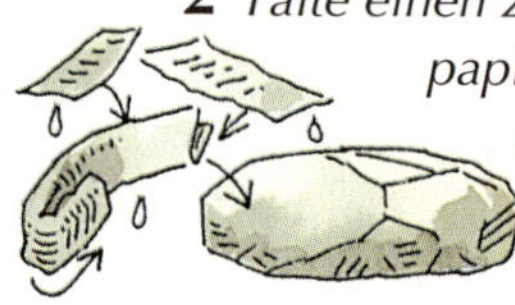

2 *Falte einen zweiten Bogen Kleisterpapier locker zusammen und forme ihn zu einem Eselskopf mit Hals. Befestige den Hals mit Kleisterpapierstreifen am Körper.*

3 *Rolle um ein Rundholz einen halben Bogen Zeitungspapier und klebe das Ende fest. Ziehe das Rundholz heraus, rolle einen zweiten Bogen auf und halbiere die beiden Papierrollen.*

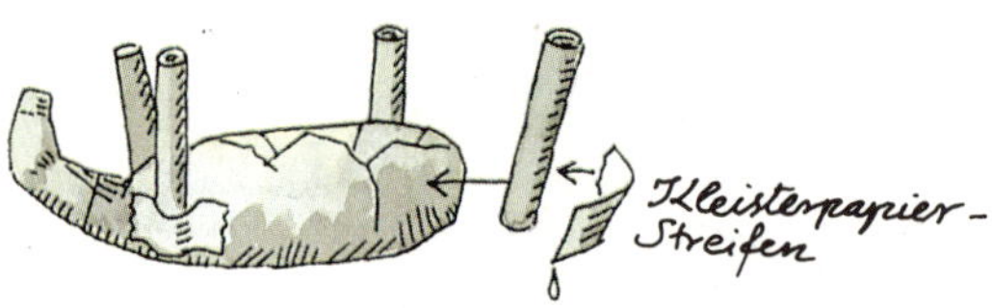

4 *Klebe die Papierrollen als Beine an den Eselskörper.*

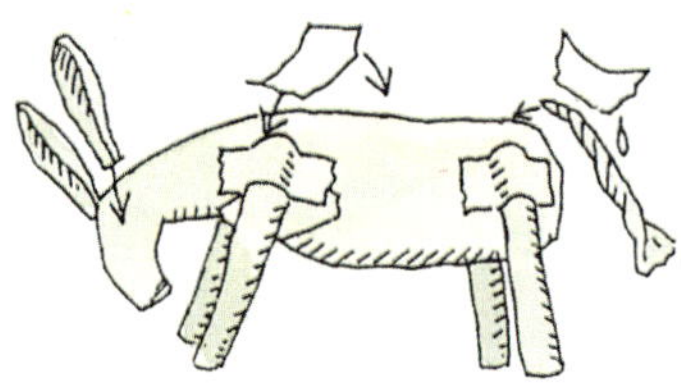

5 *Stelle den Esel auf und verstärke seine Beine mit zusätzlichen Kleisterpapierstreifen. Klebe Ohren und Schwanz aus Kleisterpapier an.*

Zeitungspapier
Kleister
Rundholz (fingerdick)
Schere
Dispersionsfarben
Pinsel

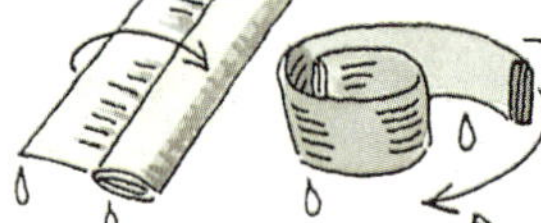

6 *Falte zwei Bogen Kleisterpapier zu breiten Streifen und rolle sie zu zwei Körben.*

7 *Klebe die Körbe an einen Kleisterpapierstreifen und lege sie über den Esel. Bemale Esel und Körbe nach dem Trocknen mit Dispersionsfarben.*

Schlafender Riese

Wie groß ist ein Riese – so groß wie ein Haus? So hoch wie ein Berg? Für eine Ameise bist auch du ein Riese! Es kommt auf den Standpunkt an: Im Abenddämmerschein sieht eine Hügelkette wie Kopf und Körper einer liegenden Figur aus – wie ein schlafender Riese.

1 *Knülle für den Bauch des Riesen mehrere Bogen Zeitungspapier locker zusammen und häufe sie auf dem ausgeklappten Verpackungskarton zu einem Hügel. Lege 2–3 Lagen Kleisterpapier darüber.*

2 *Forme ebenso Arme, Beine und den Kopf. Du kannst Nase, Mund, Ohren und Finger extra formen und mit Kleisterpapier ankleben.*

3 *Bemale die getrocknete Figur mit Dispersionsfarben wie eine Landschaft, mit Wäldern und Feldern, Straßen und Seen. Schneide aus Styropor Gebäude aus, grundiere sie mit Dispersionfarben oder bemale sie mit Filzstiften. Klebe sie auf die Landschaft.*

Verpackungskarton (ca. 1 m x 2 m)
Zeitungspapier
Kleister
Dispersionsfarben
Pinsel
Styroporplatte (ca. 2 cm dick)
spitzes Messer
Filzstifte
Knete oder Salzteigmasse
Zahnstocher
Holzleim

4 *Forme aus Knete oder eingefärbter Salzteigmasse (siehe Seite 22) Bäume, Blumen, Tiere und kleine Figuren. Schiebe unten je einen Zahnstocher ein und stecke alles auf der Landschaft fest.*
Nun hast du eine tolle Spiellandschaft für kleine Spielfiguren und Autos.

5 *Wenn du keine Lust mehr zum Spielen hast, kannst du die Figur an die Wand hängen, denn sie wiegt nicht viel. Als plastisches Bild schmückt sie dein Zimmer.*

Puppen-Partyservice

Das ausgefallene Angebot ist bei allen Puppen, Mäuse- und Bärenkunden sehr beliebt, denn die Auswahl an Speisen ist groß: Es gibt Kartoffelpuffer mit Birne und Brezel, grüne Knödel mit Nudeln, gelben Kuchen und Himbeerpudding mit Verzierung. Und natürlich Pommes mit Würstchen, Ketschup und Senf.

1 *Bitte einen Erwachsenen für dich das Mehl mit dem Salz, dem Öl und dem kochenden Wasser zu vermengen.*

2 *Färbe, wenn der Teig abgekühlt ist, einzelne Portionen mit Lebensmittelfarbe.*

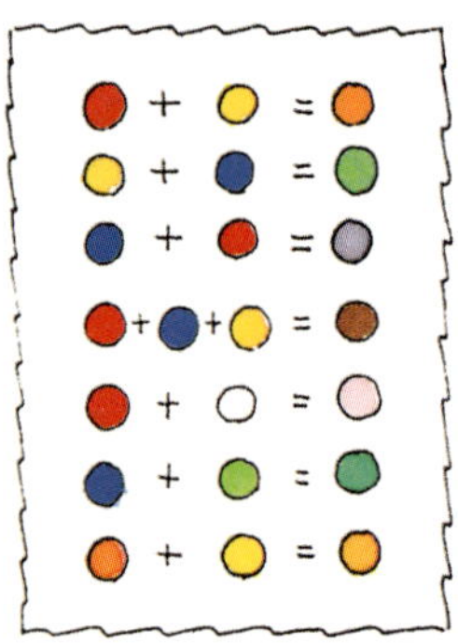

3 *Aus den Farben Rot, Gelb und Blau erhältst du viele neue Farben, wenn du sie untereinander mischst und zusammenknetest.*

400 g Mehl
200 g Salz
1 l Wasser
3 EL Speiseöl
Lebensmittelfarben (Backabteilung)
Obstmesser
Zahnstocher
Kuchenformen und Besteck für die Puppenstube

Tipp:

In Frischhaltefolie verpackt bleibt die Knetmasse mehrere Wochen lang zur Weiterverarbeitung weich.

4 *Rolle Nudeln und forme Knödel, drücke die Knetmasse in kleine Kuchenformen aus der Puppenstube oder schichte sie für eine Torte plattenförmig übereinander. Schneide eine Wurst in Scheiben und drücke Muster mit einem Zahnstocher ein. Nach zwei Tagen sind die Speisen luftgetrocknet und hart.*

Urlaubserinnerung

Gerade aus den Ferien zurück? Dann mach dir zur Erinnerung an deinen Urlaubsort ein »Foto« aus Salzteig.

1 *Schütte in eine Schüssel eine Tasse Salz und gib etwas Wasser dazu, bis das Salz durchfeuchtet ist. Vermenge das Salz mit 2 Tassen Mehl. Gieße nur sparsam Wasser dazu!*

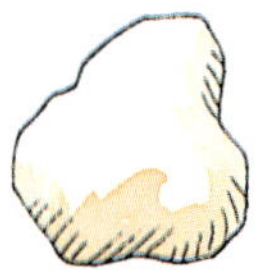

2 *Der Teig ist gut, wenn er fest und formbar ist und nicht auseinander läuft (ansonsten Mehl dazugeben!).*

Schüssel
Tasse, Salz, Mehl
Wasser
Dispersionsfarbe
(oder Lebensmittelfarbe)
Frischhaltefolie
Backblech
Alufolie
2 Büroklammern
Schaschlikstäbchen
Filzstiftkappe
Deckfarbe
Sprühlack, klar

3 *Teile den Teig in kleinere Portionen. Drücke je eine Mulde ein und gieße etwas Dispersions- oder Lebensmittelfarbe hinein. Verknete Teig und Farbe miteinander. Verpacke die einzelnen Portionen in Frischhaltefolie.*

4 *Rolle Walzen und drücke flache Platten aus deinem farbigen Salzteig. Setze sie zum Landschaftsbild auf einem Stück Alufolie aneinander.*

5 *Drücke mit einem Schaschlikstäbchen und einer Filzstiftkappe Muster ein. Schiebe für die Aufhängung oben 2 Büroklammern mit ihrem stumpfen Ende in den Teig. Das Bild wird fest, wenn du es bei ca. 100 °C (nicht mehr!) 4 Stunden im Backofen trocknen lässt. Die verblassten Farben kannst du anschließend mit Klarlack wieder zum Leuchten bringen.*

Marita und Chicita

Die beiden molligen Mädchen mögen gerne Süßes. Marita ist eine Zuckerdose und Chicita ein Marmeladentöpfchen. Wer zum Frühstück Marmelade liebt oder Zucker im Kaffee, wird viel Freude an den süßen Mädchen haben.

1 *Rolle eine tischtennisballgroße Kugel aus Ton und klopfe sie zu einer fingerdicken Scheibe platt.*

2 *Walze eine fingerdicke Tonschnur und lege sie auf die Scheibe.*

3 *Verstreiche die entstandenen Fugen innen und außen mit den Fingern.*

4 *Setze Tonschnur auf Tonschnur und verstreiche die Fugen, bis du ein becherförmiges Gefäß hast.*

5 *Raue den Rand des Bechers mit einer Gabel auf und stecke in das Innere geknüllte Zeitung. Streiche »Schlicker« (siehe Seite 14) auf den Becherrand und setze darauf eine fingerdicke Tonscheibe.*

6 *Befestige mit Schlicker eine Kopfkugel und seitlich zwei Tonschnüre als Arme. Setzt du die Arme an die Tonscheibe, biegst du sie nach oben. Nach unten kannst du die Arme biegen, wenn du die Arme am Tonbecher befestigst. Forme mit Hilfe eines Schaschlikstabes das Gesicht.*

7 *Klebe mit Schlicker einen Turban oder ein Schälchen auf den Kopf. Fülle das Schälchen mit kleinen Früchten aus Ton und schmücke das Mädchen mit Tonschnurketten.*

Ton, rot brennend
Gabel
Messer
Schaschlikstab
Zeitungspapier
Tonbrennofen
Glasurfarben
Pinsel

8 *Lass die Figur etwas antrocknen und schneide sie dann mit einem spitzen Messer auf. Setze auf die Unterseite des Deckels einen Tonring als Verschluss und streiche ihn fest. Entferne die Zeitung und lass die Figur trocknen. Nach dem 1. Brand bei 950 °C im Tonbrennofen kannst du sie mit Glasurfarben bemalen und bei 1050 °C noch mal brennen lassen.*

Kleine Schneekönigin

Schneeköniginnen lieben Schneegestöber. Sie ziehen mit den Flocken über das Land und verzaubern alles mit ihren glitzernden Kristallen. So kannst du dir deine eigene kleine Schneekönigin im Glas einfangen.

1 Klebe auf die Innenseite des Schraubverschlusses ein Korkenstück. Stecke einen Zahnstocher in den Korken und klebe ihn ebenfalls mit wasserfestem Klebstoff fest.

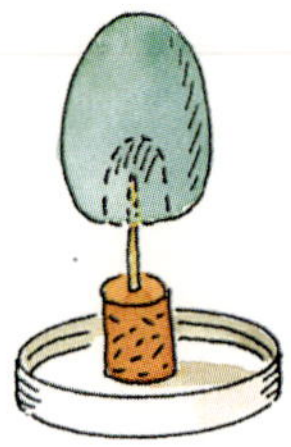

2 Forme ein Ei aus Knete, drücke es mit dem Daumen an einem Ende ein und stülpe die entstandene Mulde über Zahnstocher und Korken. Der Zahnstocher muss oben aus dem Knete-Ei schauen.

3 Verstreiche die Knete und drücke sie an dem Deckel fest. Stecke ein Stück Folie als glitzernden Umhang auf den Zahnstocher.

4 Rolle kleine Walzen aus Knete und stecke sie als Arme auf Zahnstocherstücke. Forme aus kleinen Kugeln die Hände und den Hals. Den Kopf kannst du wie bei den Fingerpuppen von Seite 4 formen. Stecke alles auf dem Körper fest.

5 Drücke eine gelbe Knetkugel flach und lege sie als Haare über den Kopf. Stecke etwas Pralinenfolie als Krone mit einer kleinen Kugel Knete auf der Zahnstocherspitze fest. Du kannst noch Glitzersternchen darin befestigen. In eine Hand steckst du das Zepter (Nagel mit Folie umwickelt, oben eine Knetkugel mit Stern).

Tipp:

Schneeflocken kannst du selbst herstellen, indem du weißes Hartplastik (z. B. Deckel von Gläsern und Flaschen) über ein Reibeisen raspelst. Fertig zu kaufen gibt es »Traumkugel-Schnee« in Hobby- und Bastelgeschäften.

6 Fülle in das Glas destilliertes Wasser, gib einen Tropfen Spülmittel dazu und einen Teelöffel Schneeflocken. Bestreiche die Verschlussrillen am Deckel und am Glas mit wasserfestem Klebstoff. Schraube den Deckel aufs Glas. Wenn der Klebstoff getrocknet ist, kannst du das Glas wenden und die Flocken um die Schneekönigin wirbeln lassen.

Knete in verschiedenen Farben	Pralinenfolie
Glas mit Schraubdeckel (Marmeladenglas)	wasserfester Klebstoff
3 Zahnstocher	weißes Hartplastik
1 Korken	Reibeisen
1 dünner Nagel	destilliertes Wasser
Glitzersterne	Spülmittel

Drache Feuerspuck

Es ist Silvester und Feuerspuck hat sich mit seinen Drachenkumpanen auf die Lauer gelegt. Wenn sich das alte Jahr verabschiedet, werden sie das neue Jahr mit wildem Feuerspucken begrüßen – so lange, bis die Schnauze raucht!

1 *Rolle aus einer Hand voll Ton eine dicke Walze und lass sie an einem Ende spitz zulaufen.*

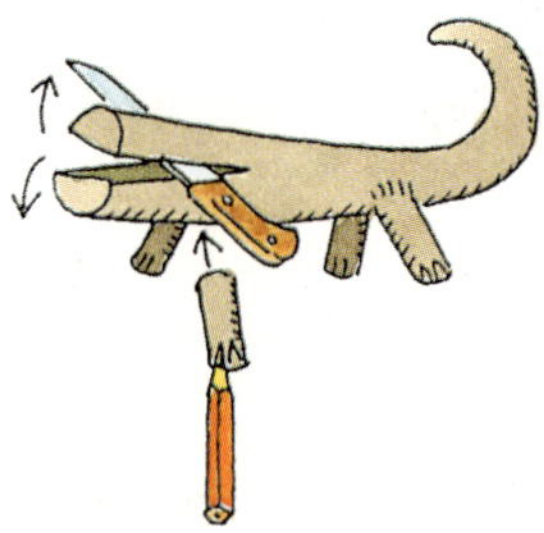

2 *Schneide mit einem Messer die Schnauze des Drachen ein und biege sie auseinander. Forme 4 Drachenbeine und drücke und streiche sie am Körper fest. Mit einem Bleistift kannst du die Krallen ritzen.*

3 *Forme die Schnauze rund, setze Zähne ins Maul und stich mit einem Schaschlikstab etwa 5 cm tief in den Schlund (in das Loch wird später die Wunderkerze gesteckt).*

Ton, rot brennend
Messer
Bleistift
Schaschlikstab
Tonbrennofen
Dispersionsfarben
Pinsel
Wunderkerzen

Tipp:

Drache Feuerspuck musst du nicht unbedingt brennen. Nachdem der Ton getrocknet ist, kannst du den Drachen mit Dispersionsfarben bemalen und die trockenen Farben mit Holzleim überziehen. Auch so hat die Tonfigur eine lange Lebensdauer.

4 *Setze Augenkugeln auf den Kopf und drücke sie mit dem Schaschlikstab fest. Du kannst auf dem Rücken noch Flügel und Zacken befestigen.*

5 *Nachdem der Drache im Tonbrennofen bei 950 °C gebrannt worden ist, kannst du ihn mit Dispersionsfarben bemalen.*

Ute und Tilman Michalski können auf viele Jahre gemeinsamer Publikationen im Bereich Kinderbeschäftigung zurückblicken. Das Ehepaar lernte sich während des Studiums an der Graphischen Akademie in München kennen. Während er als freier Illustrator für Verlage im Erwachsenen-, Kinder- und Jugendbuchbereich arbeitet, unterrichtet sie Kunsterziehung und Werken an einer Schule zur individuellen Sprachförderung und leitet ein Atelier an der »Schule der Phantasie«.
Mit ihren Bastelbeispielen wollen Ute und Tilman Michalski die Phantasie der Kinder anregen. Nicht schablonenhaftes Nachmachen ist dabei ihr Anliegen, sondern sie wollen den Kindern Mut machen zu eigenen Versuchen. Sie wissen um die Bedeutung des Erfolgserlebnisses bei schöpferischer Betätigung und geben deshalb fachkundige Hilfestellung in Wort und Bild beim Umgang mit den verschiedensten Materialien.